HÉCTOR, EL DRAGÓN VALIENTE

HÉCTOR Y SU FAMILIA DE DRAGONES SE MUDAN

a la ciudad de Draciu. Héctor es diferente al resto, ya que por su boca, en vez de echar fuego, derrama agua. Esto se debe a que padece una enfermedad rara. Un día decide irse a pasear por la ciudad, y así conoce a sus primeros amigos, pero estos no comprenden su enfermedad rara y se ríen de él. Un suceso trágico ocurre en la ciudad, y él es el único dragón que puede ayudar a solucionar el problema. ¿Lo hará aunque se hayan reído de él?

VALORES IMPLÍCITOS

A través de esta historia conoceremos qué son las enfermedades raras y las fases de duelo y autoconocimiento que surgen hasta lograr su aceptación. Además, la historia inculca valores fundamentales como la valentía, el respeto y el amor propio.

TITANES

Héctor, el dragón valiente

© del texto: Ángela Hernansanz García
© de las ilustraciones: Rut Llerena
© del diseño y corrección: Equipo BABIDI-BÚ

© de esta edición:
Editorial BABIDI-BÚ, 2024
Avda. San Francisco Javier, 9, 6ª, 23
Edificio Sevilla 2
41018 - SEVILLA
Tlfn: 912.665.684
info@babidibulibros.com
www.babidibulibros.com

Impreso en España
Primera edición: junio, 2024

ISBN: 978-84-19973-91-7
Depósito Legal: SE 1220-2024

HÉCTOR, EL DRAGÓN VALIENTE

ÁNGELA HERNANSANZ GARCÍA ▪ RUT LLERENA

Para mi hermano Héctor, que nunca supo la valentía y
el dragón que llevaba dentro. Para que las
enfermedades raras sean más visibles y diagnosticadas
a tiempo. Sé que desde el cielo lo agradecerá.

Una vez, hace mucho tiempo, llegó a Draciu, la ciudad de los dragones, un dragón diferente. Se llamaba Héctor.

Su única diferencia era que, por la boca, en vez de echar fuego como todos los dragones de la ciudad, derramaba agua.

Héctor era muy valiente y amistoso. Al llegar a la ciudad, salió a dar un paseo, y pensó que haciendo esto podría hacer nuevos amigos para jugar, y así darse a conocer.

BIENVENIDOS A DRACIU

A lo lejos, vio a un pequeño grupo de dragones jugar entre ellos. Sin pensárselo, corrió a presentarse. Los dragones fueron muy agradables y lo invitaron a jugar.

Uno de los dragones que estaba con Héctor propuso un nuevo juego: pasarse bolas de fuego. Héctor intentó jugar, pero se dio cuenta de que no podía porque apagaba las bolas de fuego con su agua.

Cuando llegó el turno de Héctor, no fue capaz de jugar como ellos, y al no ser capaz de seguir su juego, se empezaron a reír de él por ser diferente.

Héctor, triste y enfadado, se fue a casa. Cuando llegó, sus padres le preguntaron:

—¿Cómo ha ido con tus nuevos amigos? ¿Te lo has pasado bien?

A lo que Héctor respondió:

—Al principio sí, pero después se han reído de mí por no poder jugar a pasar bolas de fuego. Estoy muy triste y enfadado. Así nunca voy a encontrar nuevos amigos para jugar. ¿Por qué me pasa esto a mí? ¿Por qué soy diferente a los demás? Vosotros sois mis padres y podéis jugar con el fuego. ¿Por qué yo no puedo?

Sus padres, al escuchar esto, rápidamente lo intentaron consolar.

Su mamá le dijo:

—Verás, hijo, la razón por la que no puedes echar fuego por la boca como los demás dragones es porque tienes una enfermedad rara. Esto hace que, en vez de echar fuego por la boca, derrames agua.

Héctor, muy asombrado y asustado, preguntó:

—¿Qué es una enfermedad rara, mamá?

HÉCTOR

Su madre le contestó:

—Una enfermedad rara es aquella que afecta a muy pocas personas. Estas enfermedades casi no se conocen porque no son nada comunes, por eso en Draciu, no conocemos a ningún dragón que eche agua por la boca, pues todos echamos fuego. Las enfermedades raras son muy difíciles de curar y de encontrar. A veces, duran para toda la vida.

Héctor, enfadado y llorando, añadió:

—¡Ah! Entonces, yo no soy diferente.
Soy raro. Además, ¿por qué vosotros
no tenéis esta enfermedad y podéis
echar fuego, y yo sí que la tengo?

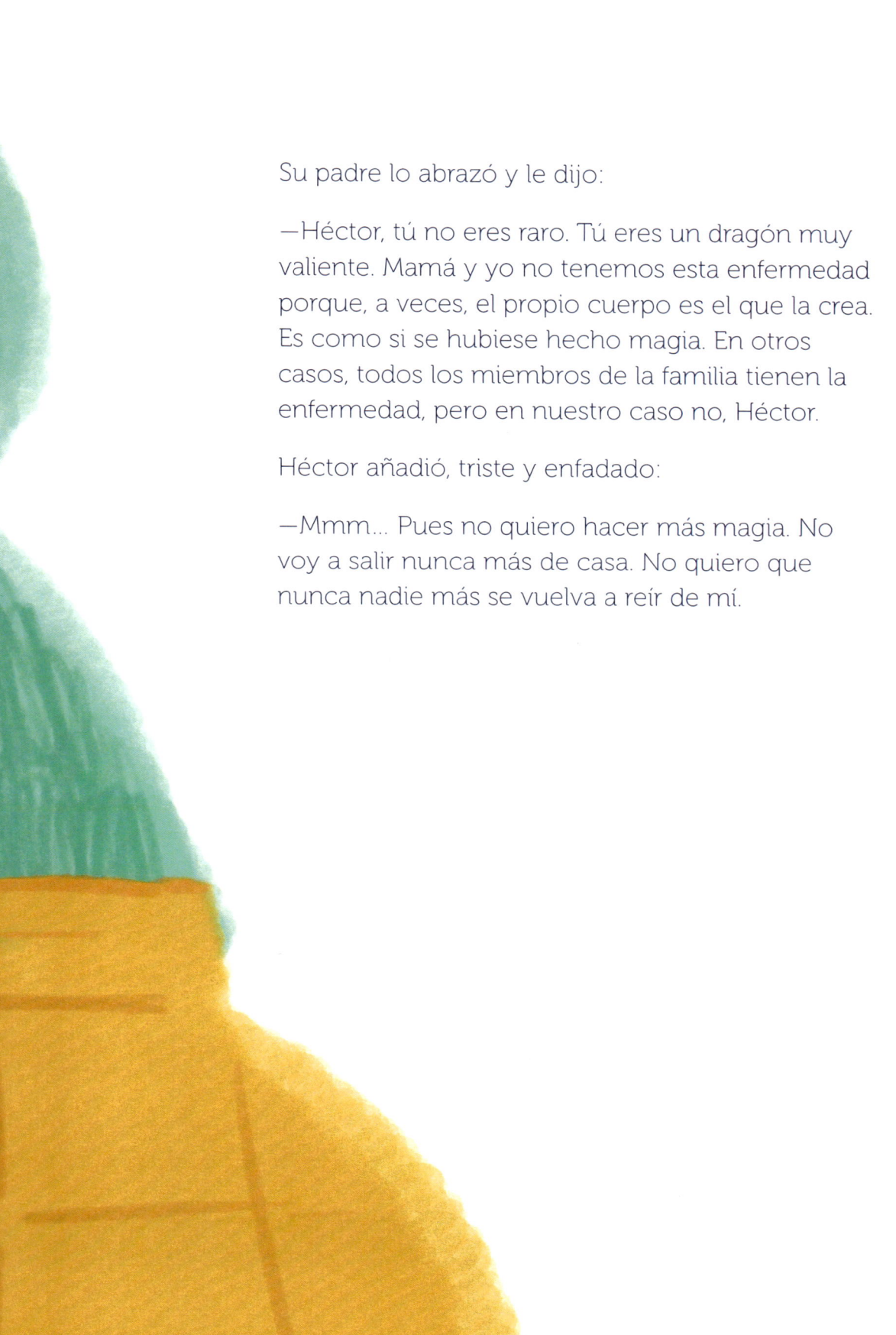

Su padre lo abrazó y le dijo:

—Héctor, tú no eres raro. Tú eres un dragón muy valiente. Mamá y yo no tenemos esta enfermedad porque, a veces, el propio cuerpo es el que la crea. Es como si se hubiese hecho magia. En otros casos, todos los miembros de la familia tienen la enfermedad, pero en nuestro caso no, Héctor.

Héctor añadió, triste y enfadado:

—Mmm... Pues no quiero hacer más magia. No voy a salir nunca más de casa. No quiero que nunca nadie más se vuelva a reír de mí.

Al cabo de unos días, hubo un incendio en Draciu. Nadie sabía cómo apagar el fuego, y no había bomberos en la ciudad.

Héctor estuvo pensando un buen rato en una solución, y se le ocurrió que él podía apagar el fuego con su agua. Quiso hacer esto para que nadie más en Draciu se riera de él y le aceptasen tal y como era.

Así, pudo demostrar lo valiente que podía llegar a ser, como le había dicho su papá.

De repente, Héctor salió de casa, fue al lugar del incendio y empezó a echar mucha agua por su boca. Consiguió apagar las llamas del fuego y apagó el incendio entero.

Todos los dragones que estaban presentes le dieron las gracias a Héctor por haber apagado el fuego con su agua. A partir de ese día, los demás dragones le llamaban «Héctor, el Dragón Valiente».

Uno de los dragones que se había reído de él se acercó y le dijo:

—Gracias, Héctor. Has sido muy valiente. Perdón por haberme reído de ti. Si no hubieses sido diferente a nosotros, no habrías podido apagar el fuego. Me he dado cuenta de que las diferencias son las que nos hacen únicos y especiales. Por eso, tenemos que valorar a cada persona por ser tal y como es, y respetar sus diferencias.

Héctor le contestó:

—Ser diferente es lo que hace más bonito al mundo.
He aprendido que tenemos que querernos tal y como
somos, respetar nuestras diferencias y, en mi caso, ser
muy fuerte, valiente y apoyarme en quien me quiere.
Además, creo que habiendo apagado el fuego con mi
agua y habiendo sido valiente, otros dragones como
yo no van a tener miedo de salir de casa.

Y así, con esta gran lección,
pedimos más investigación.